PEDRO

El pescador de hombres

Por Anne de Graaf

Ilustrado por José Pérez Montero

Pedro

El pescador de hombres
Escrito por Anne de Graaf
Ilustrado por José Pérez Montero
Diseño gráfico por Nils V. Glistrup

Drejervej 15, 3er piso, DK 2400 Copenhague NV, Dinamarca
E-Mail: info@sph.as Web: www.sph.as

Concebido, diseñado y producido por Scandinavia Publishing House

Impreso en China
ISBN 9788771326239

PEDRO

El pescador de hombres

Por Anne de Graaf

Ilustrado por José Pérez Montero

Hubo una vez un hombre que sabía caminar sobre el agua. En realidad fueron dos hombres. Uno sabía y el otro trataba de saber. El que sabía era Jesús. El que trataba de saber se llamaba Simón Pedro. Él era un pescador.

Sucedió una noche después de que Simón y algunos de los otros amigos de Jesús salieron en una barca. Jesús no fue con ellos. Él quería subir a un monte que había cerca y orar.

“Atraviesen el lago,” dijo Jesús a Sus hombres. “Los alcanzaré más tarde.” Simón y algunos de los otros salían con frecuencia a pescar de noche. Era la mejor hora para atrapar los peces. El lago se llamaba Mar de Galilea. Sabían que las montañas que rodeaban el lago a menudo atrapaban vientos. De noche, estos vientos traían tormentas.

"Siento que el viento está cambiando otra vez," dijo Simón a su hermano Andrés. Los dos hombres vieron el sol reflejarse en el agua, al oriente. El lago parecía tranquilo, pero los dos pescadores lo conocían bien.

En poco tiempo, azotó una tormenta. ¡El viento agitaba las olas alrededor de la pequeña embarcación! Los hombres luchaban en los remos. No sirvió de nada. La barca iba donde la tormenta lo llevaba.

"¿Qué debemos hacer?" gritó Simón a Juan. Ellos eran los líderes del grupo. Pero Juan sólo sacudió la cabeza.

En la parte más oscura de la noche, la tormenta arreció. De pronto, uno de los hombres gritó. "¡Veo un fantasma, miren, hay algo caminando en el agua!"

Pero, claro, no existen los fantasmas. La persona que vieron caminando cerca de la barca era Jesús.

"No, ¿cómo puede ser?" se dijeron entre si los hombres. Estaban muy asustados. El viento aullaba en sus oídos. El agua del mar salpicaba en sus ojos. Se aferraron a la embarcación para salvar su vida.

Jesús dijo, "¡No tengan miedo! Soy sólo Yo, Jesús," el viento rugía. Las olas formaban muros alrededor de la barca. Uno de los hombres del asustado grupo se puso en pie.

Era Simón. "¡Cómo, es Jesús!" dijo a los otros. Avanzó hacia la orilla de la barca y trató de ver mejor.

Los pies de Jesús apenas tocaban el agua. Pero no se hundía. Parecía que las olas no lo tocaban. El viendo agitaba Su pelo. Pero Jesús se mantenía erguido y firme.

Simón dijo, "Señor, si eres Tú, dime que vaya contigo al agua."
Jesús dijo: "¡Ven!"

Simón puso un pie en el otro lado de la barca. Se fue hacia abajo, abajo, abajo, y se detuvo. Entonces pasó su otra pierna al otro lado y se puso de pie. ¡No se hundía!

Simón sintió que su espalda se ponía tibia. Dio un paso. Después otro, y otro más. Observó todo el tiempo a Jesús. ¡Simón estaba caminando sobre las aguas!

Pero después de dar algunos pasos, oyó el viento que aullaba. Sintió el agua fría sobre su cara. Y miró hacia abajo. Así olvidó confiar en Jesús y ser valiente. En lugar de mirar a Jesús, miró a las olas. "¿Cómo puedo yo, un simple pescador, caminar en el agua?" se preguntó. En ese momento empezó a hundirse. "¡Auxilio! ¡Señor, sálvame!" gritó.

De inmediato, Jesús se estiró y lo sostuvo. Y dijo, "¡Oh, Simón, Simón! ¡Te dije que no tuvieras miedo! ¿Por qué dejaste de tratar?"

Jesús y Simón subieron a la barca. La tormenta terminó. El mar se calmó. Simón sacudió la cabeza. ¿Había todo sido un sueño? Miró a Jesús, y después al mar que estaba en calma.

Mientras Simón miraba el agua, pensó sobre la primera vez que Jesús le dijo que no tuviera miedo. También había visto olas tranquilas.

En esa primera mañana, justo después del amanecer, Simón había estado mirando el lago. Una neblina matutina se levantaba desde el agua. "Algo es distinto hoy," se dijo. Pero no sabía qué era.

Las gaviotas graznaban. El rosado sol difundía su luz. Simón suspiró. Ayudó a su hermano Andrés a llevar la barca hasta la playa. Pescaron toda la noche, trabajando juntos con los dos hijos de Zebedeo, Jacobo y Juan. Los hombres trabajaron duro, pero no pescaron nada. Cuando Andrés dijo que iba a dar un paseo, Simón no dijo nada. Pensando mucho en su extraña sensación, Simón simplemente tomó una de las redes que estaban rotas. Empezó a remendarla.

Pasaron algunas horas, y Andrés aún no regresaba para ayudar a su hermano. Finalmente, Simón oyó que un grupo de gente se acercaba. Levantó la vista y vio que Andrés salía de la multitud y corría hacia él. "Aquí viene, Simón. Debes dejar eso y escucharlo."

“¿Quieres decir que es por Él que no vienes a ayudarme a remendar las redes?” Simón gruñó. Agitó la aguja de madera hacia su hermano. Una red rota colgaba de su otro brazo.

Cuando Andrés se volvía para reunirse de nuevo con el grupo, Simón le pidió regresar. “Tú eres el pescador,” gruñó. “Ven y ayúdame a lavar esta red.”

Andrés hizo lo que su hermano le pidió. Pero no quería hacerlo. Andrés se mantuvo atento a la multitud que se venía en su dirección.

El resto de la mañana, Simón y Andrés lanzaron las redes al agua y las sacaron otra vez, lavándolas en esta forma. Cuando Simón se inclinó sobre una red para quitarle restos de algas, vio una sombra sobre la arena. Miró hacia arriba. Vio a un hombre parado junto a él.

“Es Él,” oyó susurrar a Andrés.

“Tu barca,” dijo el hombre. El sonido de Su voz hizo que Simón se estremeciera. “¿Por favor, podría usar tu barca?”

Simón asintió. Él y Andrés ayudaron al hombre a subir a la barca, y después la empujaron hasta el agua. Simón no tuvo otra opción que esperar, porque el hombre siguió hablando a la gente en la playa.

Cuando hubo terminado, el hombre se volvió hacia Simón. "Empuja la barca hacia aguas más profundas. Después suelta ahí tus redes."

"Pero hemos estado fuera toda la noche y no atrapamos nada." Entonces Simón miró otra vez los oscuros ojos del hombre. Había cambiado de opinión. "Sólo porque Tú lo dices, lo haré."

Simón y Andrés lanzaron sus redes sobre la borda. De pronto, la barca se hundió. "¡Oye! ¡Mira esto!" Los dos pescadores no podían creer lo que veían. Las redes estaban a punto de reventar, estaban llenas de peces.

"¡Por aquí! ¡Por aquí!" Llamaron a sus socios, Jacobo y Juan, para que trajeran otra barca.

"¡No lo puedo creer!"

Los hombres sudaron y luchaban para subir todos los peces a los dos botes. ¡Aún así, estaban tan llenos, que empezaron a hundirse! Fue ahí cuando Simón se volvió hacia Jesús.

Cayó de rodillas y dijo, "¡Ni siquiera me conoces! No hagas esto por mí, no soy nadie especial. ¡Por qué, no soy bueno!" Simón agitó su mano señalando la enorme pesca. Los peces se desbordaban de ambas barcas. Algunos se agitaban y lograban escapar volviendo al agua. Los hombres tenían la boca abierta. Nunca

habían visto una pesca como esta. Fue ahí cuando Jesús dijo por primera vez a Simón, “No tengas miedo. Ven, síganme y los haré pescadores de hombres.” Estas fueron las palabras más importantes en la vida de Simón. Las volvería a escuchar una y otra vez y de todos modos no las olvidaría.

Simón miró hacia el mar. La neblina se había disipado. Un hormigueo recorrió su espalda. Ahora sabía por qué ese día sería diferente.

Tan pronto como dejaron las barcas sobre la arena de la playa, Simón dejó todo atrás. Hasta dejó la pesca del día, y eso no es algo fácil para un pescador. Entonces, siguió a Jesús. Todo cambió a partir del día en que Simón conoció a Jesús. Quería más que solamente atrapar peces. Él y Andrés, junto con sus socios Jacobo y Juan, se volvieron los mejores amigos de Jesús. Lo siguieron de una aldea a otra, escuchando y aprendiendo.

No fue fácil. Habían dejado todo atrás. Ni siquiera estaban seguros de quién era Jesús. Lo único que Simón sabía es que tenía que escuchar más.

Cada vez que Jesús hablaba, los grupos que reunía eran más grandes. La gente vio a Jesús curar a los enfermos, una y otra vez. Simón no podía creer lo que veía. Pero sabía que cada vez que Jesús lo miraba, él quería complacerlo. Sin embargo, cuando toda esa gente le preguntaba quién era Jesús, Simón no estaba muy seguro de la respuesta.

Un día, Jesús preguntó a los hombres que le rodeaban, "Díganme, ¿quién dice la gente que soy?"

Sus seguidores se sentaron en un círculo. "Algunos dicen que Juan el Bautista. Otros, que Elías. Algunos dicen que eres uno de los grandes hombres del pasado, que ha vuelto a la vida."

Jesús dijo, "¿Y qué hay de ustedes? ¿Quién dicen que soy Yo?"

Los ojos oscuros se fijaron en Simón. Desde su interior se sintió impulsado a decir, "Tú eres el Mesías, el Hijo del Dios viviente." Contuvo la respiración.

Jesús dijo, "Ah, Simón, la única forma en que podrías saber esto es si Mi Padre en el cielo te lo dijera. Dios te ha bendecido en una forma especial. Ahora escucha, tu nombre es Simón, pero desde ahora serás llamado Pedro." Eso significaba "Roca."

"Te llamo Pedro porque algún día vas a guiar a la gente que me sigue. Ellos son Mi Iglesia. Tú serás la roca sobre la que se construirá la Iglesia. Eso significa que cuando seas su líder, será tu trabajo enseñar a la gente lo que es bueno y lo que es malo. Serás la persona más importante para hacer crecer el grupo de gente que Me seguirá."

Los ojos de Pedro se abrieron muy grandes. Los otros lo miraron en forma extraña. "¿Es esto lo que significa ser un 'pescador de hombres'?" se preguntó. Ahora Pedro estaba seguro de una cosa. La próxima vez que alguien le preguntara quién era Jesús, no sacudiría la cabeza. Sabía que Jesús venía directamente del cielo. ¡Era el Hijo de Dios en persona!

Pedro siguió a Jesús por todo el país, observando y aprendiendo. Las semanas se volvieron meses. Por más de dos años Pedro escuchó a Jesús. Cuando más aprendía, más quería conocer.

Durante esos años ocurrieron cosas extrañas y maravillosas. Pedro vio a Jesús ayudar a que los ciegos pudieran ver y los lisiados pudieran caminar.

Un día Pedro vio a los dos grandes hombres, Moisés y Elías, visitar a Jesús desde el cielo. ¡Estuvieron de pie y hablaron con Jesús en la cima de un monte, todos de blanco y resplandecientes!

Después Jesús le dijo, "No digas a nadie lo que viste hoy hasta que yo me haya resucitado entre los muertos."

Pedro y sus amigos no supieron qué significaba lo que dijo Jesús. "'¿Resucitar de entre los muertos?' ¿Va a morir Jesús?" se preguntaron. No tardaron mucho en encontrar la respuesta.

No a toda la gente le gustaba Jesús. Tenía enemigos. La mayoría de los líderes religiosos odiaba a Jesús. Querían matarlo. Pero también había tanta gente que lo quería, que Pedro y sus amigos pensaron que Jesús estaba seguro. Estaban equivocados.

Sucedió una noche en Jerusalén. Jesús y Sus amigos habían cenado juntos. Durante toda la noche Jesús habló de cómo pronto iba a ser asesinado, pero después volvería a la vida nuevamente. "Hoy, ninguno de ustedes me va a ayudar," dijo Jesús.

A Pedro no le gustó que hablara así. Se levantó y dijo con enfado, "¿Qué quieres decir? Los demás podrían dejarte, pero yo siempre estaré a tu lado."

Jesús sacudió la cabeza. "Ah, Pedro. ¿No lo sabes? Hoy, antes de que cante el gallo, dirás que nunca me conociste. Harás esto tres veces."

"¡No! No, yo moriría por Ti. Yo nunca, jamás mentiré diciendo que no te conozco." Los otros hombres dijeron lo mismo. Jesús no dijo nada.

Después de la cena, Jesús y sus hombres subieron una colina hasta un jardín especial. Jesús quería orar a Dios. Estaba muy triste. Sentía como si su corazón se fuera a romper y tenía un nudo enorme en la garganta. No quería morir. Pidió a Pedro, Jacobo y Juan, "Quédense conmigo y oremos juntos."

Jesús oró tan fuerte como pudo. Estaba tan destrozado por dentro por lo que tenía que hacer, que lloró lágrimas de sangre. ¿Pero dónde estaba Pedro? ¿Dónde estaba la "Roca"? ¡Se había quedado dormido!

"¡Pedro! ¿Podrías al menos mantenerte despierto para ayudarme a orar? Nos espera una noche terrible. Trata de ayudarme."

Pedro trató y trató. Más que nada, quería ayudar a Jesús. Pero la noche era tibia. Se apoyaba en un árbol, y sin importar cuánto tratara de estar despierto, algo hacía que los ojos de Pedro se cerraran. Lo siguiente que supo fue que Jesús lo sacudía para despertarlo por tercera vez.

"¿Sigues dormido? ¡Mira, es muy tarde! ¡Vienen Mis enemigos por Mí!"

Pedro miró hacia donde señalaba Jesús. Soldados, una turba de gente iracunda venía hacia ellos. ¡Llevaban antorchas y espadas! Pedro se levantó de un salto. El miedo hizo dar un vuelco a su estómago. Se agarró de Andrés. "No se atreverían a llevarse a Jesús." Ambos hombres sabían que Jesús tenía muchos amigos, pero también tenía muchos enemigos.

"¿Hacia dónde podemos huir?" Pedro observó los alrededores del jardín iluminado por la luna. No había a dónde ir. ¡Estaban atrapados!

Uno de los hombres que había sido seguidor de Jesús caminaba con los soldados y sacerdotes. Había dicho a los enemigos de Jesús, "Aquél a quien yo me dirija es el que deben llevarse prisionero."

El nombre de este hombre era Judas. Pedro observó a Judas abrazar y besar a Jesús en la mejilla. Dijo, "Maestro."

"Haz lo que tienes que hacer," dijo Jesús tranquilamente.

Entonces los soldados avanzaron. Asieron a Jesús y se prepararon para llevárselo. "¡Esto es una pesadilla!" jadeó Pedro. Los enemigos de Jesús actuaron con ira y maldad. "No pueden llevarse al Maestro," gritó Pedro.

Se sacudió, miró rápidamente alrededor y sacó su corta espada. Así corrió hacia la multitud. Blandiendo la espada, Pedro gritó, "¡Dejen en paz al Maestro!"

¡Con un poderoso golpe, la espada le cortó la oreja a un esclavo! Pedro se quedó mirando a la oreja. Y entonces recordó lo que Jesús había dicho sobre la muerte. ¡La pesadilla se estaba volviendo realidad!

“Detente” rogó Jesús. “Guarda tu espada. ¿No sabes que cualquiera que use la espada, generalmente morirá por la espada?” ¡Entonces Jesús tocó la oreja del esclavo y lo hizo sentir mejor!

Se volvió hacia Pedro, “Si quisiera, podría pedir a Mi Padre que enviara miles de ángeles a pelear por Mí. Pero no, voy a cumplir la misión de Mi Padre. Si peleas con ellos, no podré cumplir lo que vine a hacer aquí. Pedro,” miró a los ojos del pescador, “no tengas miedo.”

En cuanto Jesús terminó de hablar, los guardias se lo llevaron arrastrando. Para entonces todos los demás discípulos habían huido. Pedro se sentía dividido. ¿Debería correr y ocultarse como los otros, o buscar la forma de ayudar a Jesús? “¡No puedo seguirlo! Podrían venir y llevarme a mi también.” Así que Pedro corrió y se ocultó detrás de un olivo. A pesar de las palabras de Jesús, el gran hombre temblaba de miedo.

Pedro esperó hasta que los soldados habían llegado al pie de la colina. Después los siguió, ocultándose en árboles y casas. Los sacerdotes y los soldados llevaron a Jesús a un patio.

Ahí, los guardias hicieron una fogata para mantenerse calientes. Los sacerdotes y otros líderes religiosos empezaron a interrogar a Jesús. Pedro no sabía qué hacer. “¿Qué pasará con Jesús?” se preguntaba. Respiró profundamente y se deslizó dentro del patio. Se sentó cerca del fuego con los guardias. Iba a ser una larga noche.

Tenía la esperanza de que nadie lo notara ahí. Pero una criada lo miró fijamente durante algunos momentos. Dijo, “Tú estabas con Jesús de Nazaret.”

Pedro miró por encima de sus hombros. “Espero que nadie la haya escuchado,” pensó. “Si los guardias descubren quién soy, me matarán.”

“¡No! ¡No!” dijo en voz alta para que todos escucharan. “¡No sé de qué me hablas!”

Pedro se abrazó a sí mismo. Era el único de los discípulos de Jesús que estaba en ese patio. Todos los demás habían huido. “Es mejor que no me quede junto a esta hoguera,” pensó.

Caminó hacia el portón. Ahí, otra joven mujer lo vio. Dijo, “Este hombre estaba con Jesús.”

Pedro juró, “¡Ni siquiera lo conozco!”

Poco después, un grupo de hombres que se encontraba cerca se aproximó a Pedro. Uno de los hombres conocía al esclavo a quien Pedro le había cortado la oreja. “¿No te vi en el jardín con Jesús? Estoy seguro que sí,” dijo. “Eres uno de los amigos de Jesús. ¡Podemos saber que vienen del mismo lugar sólo por la forma de hablar!”

Para entonces, Pedro tenía tanto miedo, que juró una y otra vez. “¡Ni siquiera conozco a ese hombre!”

Ni bien habían salido estas palabras de la boca de Pedro, cuando escuchó a un gallo cantar. Justo entonces, Jesús volteó y miró directamente a Pedro. Su corazón se rompió. Jesús había dicho, “Antes de que cante el gallo, tres veces dirás que no Me conoces.”

Pedro ocultó el rostro entre sus manos. Era como si todo su mundo se hubiese derrumbado. Se salió tambaleándose del patio, llorando en cada paso.

Durante los oscuros días venideros, Pedro se sintió cansado y envejecido. Al día siguiente de arrestar a Jesús, Sus enemigos lo mataron colgándolo de una cruz. Pedro observó cuando pasaba. Le quemaba por dentro. Era tan doloroso, que Pedro dejó de sentir.

Él y algunos de los otros hombres y mujeres se ocultaron. Tenían miedo de que los soldados y los sacerdotes los arrestaran y los mataran. "Si pueden arrestar y matar a Jesús, pueden hacerlo con nosotros también," les dijo Pedro.

Habían olvidado lo que Jesús les dijo con tanta frecuencia, "No tengan miedo."

Unos días después, una mujer que pertenecía a este grupo de seguidores de Jesús entró corriendo por la puerta de su escondite. Corrió hasta Pedro y su viejo amigo de pesca, Juan. "¡Algo terrible ha pasado! ¡Se han llevado el cuerpo de Jesús! ¡Ya no está en la cueva!"

Pedro miró a Juan. Juan miró a Pedro. Sin decir más palabras, los dos se lanzaron corriendo al jardín donde estaba la cueva en la que Jesús había sido enterrado. Corrieron por las calles. Pedro nunca había corrido tan rápido en su vida. Jadeaba y corría, pero aún así Juan llegó primero. Se detuvieron en la cueva.

Juan miró al interior. Pedro pasó volando junto a él y entró. "Nada" dijo jadeando. "Ella tiene razón. ¡Aquí no hay nada más que las ropas en que estaba envuelto Jesús!"

Los dos hombres se inclinaron, tratando de recuperar el aliento. "No tiene caso," dijo Juan. "Mejor regresemos con los demás."

Después de unos momentos se fueron, sacudiendo la cabeza. "Los sacerdotes deben haber robado Su cuerpo," dijo Pedro apretando los puños. "¡Tengo que averiguar qué está pasando!" Pero no iba a tener que esperar por mucho tiempo.

Esa noche los hombres y mujeres se amontonaron en el ático donde se escondían. "¿Creen que los soldados nos maten también?" se preguntaron. Nadie lo sabía. Por seguridad, habían echado el cerrojo a la puerta.

¡De pronto, una figura atravesó el muro! ¡Era Jesús! Los hombres jadearon. ¡Las mujeres gritaron!

"¡Paz!" Dijo Jesús. Y volvió a decir, "No tengan miedo, soy Yo." Les mostró las llagas en Sus manos y en el costado.

"Realmente es Jesús." El horror en el rostro de Pedro se convirtió en alegría. Él y los demás estaban tan contentos que no sabían qué decir. Pedro sintió que se quitaba un gran peso de los hombros. "Oh, Maestro, Maestro," lloró. El enorme pescador cayó al suelo de rodillas. Las lágrimas corrieron por sus mejillas.

Pedro vio a Jesús varias veces después. Había resucitado de entre los muertos. Una de esas veces fue cuando Pedro y algunos de sus amigos querían conseguir comida para los demás. Habían salido a pescar. Pasaron toda la noche en el lago. Al amanecer, su barca seguía vacía.

"¿Atraparon algo?" Preguntó un extraño desde la playa.

"No," respondieron los pescadores. El extraño estaba de pie con el sol del amanecer sobre su espalda. Pedro y los demás no pudieron ver que, en realidad, ¡era Jesús!

Los hombres acercaron la barca a la orilla. Jesús dijo, "¡Echen su red sobre el lado derecho del bote! Así encontrarán algunos peces."

Los hombres estaban tan cansados que ni siquiera discutieron. ¡Unos minutos después, la red estaba llena! Juan miró con atención al extraño. "¡Es Él!" gritó. "¡Es el Señor!" Juan se agarró de Pedro.

"¡Tienes razón!" dijo éste. "Sólo Jesús podría llenar la red en esta forma. ¡Es el mismo milagro que ocurrió el día que lo conocí!" Pedro rápidamente jaló algunas prendas y saltó al agua. Nadó con tanta fuerza que se olvidó de respirar. "¡Es Él, realmente es Él!"

Siguió diciéndolo para sí mismo.

Una vez en la orilla, Pedro no se dejó de estar al lado de Jesús. Los otros trajeron la barca. Pedro ayudó a Jesús a freír algunos pescados en una hoguera. Mientras comían, Juan le dijo a Pedro, “Esto es como en los viejos tiempos, ¿no?” Pedro asintió y sonrió, tenía la boca llena de pescado.

Después de comer, Jesús llamó aparte a Pedro. Quería hablar en privado con él, “Pedro, ¿realmente me amas? ¿Me amas más que estos otros?”

Pedro jadeó. “¡Desde luego, Señor! Sabes que te amo.”

“Entonces cuida Mis ovejas.” Jesús le estaba diciendo a Pedro que cuidara a toda la gente que él algún día llevaría cerca de Dios. Jesús hizo esta pregunta en tres ocasiones. Cada vez, Pedro respondió que sí.

Jesús terminó diciéndole que de hecho Pedro sería un buen guía para sus seguidores. También le dijo que tendría una muerte terrible. Cuando Pedro respondió abriendo los ojos con sorpresa, Jesús le dijo, “No tengas miedo. Sólo sígueme.”

Aunque Pedro había visto y oído a Jesús con sus propios ojos y oídos, todavía sentía miedo. Él y los demás temían que los sacerdotes y soldados pudieran llevárselos y matarlos.

Simplemente no sabían qué hacer. Cada vez que Jesús los veía, Él decía, "No tengan miedo." Eso no ayudó mucho hasta que Jesús sumó una promesa. "Pronto les enviaré un Ayudante."

El día que llegó el Ayudante, Pedro finalmente dejó de tener miedo.

Estaba en el piso superior orando con sus amigos. De pronto, la casa se llenó de un ruido como el de un fuerte viento. "¡Whoosh!"

"¿Qué es eso?" preguntaron los otros. Pequeñas luces como flamas descansaban sobre las cabezas de Pedro, Juan, Andrés y los demás. ¡Era el Ayudante, el Espíritu Santo de Dios, que había venido a hacer que los seguidores de Jesús fueran fuertes y valientes!

Pedro se sacudió. ¿Qué había pasado? ¡Ya no tenía más miedo de ser arrestado! "¡Debemos hablar a más gente acerca de Jesús!" dijo a sus amigos. "¡Sin importar que, deben saber!"

La gente que estaba afuera había oído el extraño ruido como de viento. Como esta era una ciudad muy activa, venían de países de todo el mundo. En sus distintos idiomas, preguntaron, "Escuchamos que un ruido extraño golpeó su casa. ¿Qué pasó?"

¡Pedro habló y nadie podía creer lo que oía! "¿Cómo puede ese simple pescador hablar tantos idiomas diferentes?" En los oídos de miles de personas sonaba como si Pedro viniera de sus propios pueblos natales.

"Escuchen," gritó. "¡Jesús, el gran Maestro Jesús es realmente el Hijo de Dios! ¡Ustedes lo han asesinado, pero Dios lo trajo de vuelta a la vida! ¡No tengan miedo! ¡Crean en Él y cambiará sus vidas! ¡Sigan a Jesús!"

El mensaje de Pedro llegó al corazón de más de tres mil personas. Todos se lamentaban porque no tenían una buena vida. Querían comenzar de nuevo. Pidieron a Jesús que les perdonara y les ayudara. Estos fueron los primeros Cristianos y Pedro se convirtió en su primer líder.

Toda la gente que creía en Jesús oraba junta. Lo aprendieron de Pedro y sus amigos. Los que eran ricos compartieron su dinero y posesiones con quienes eran pobres. Ningún hombre o mujer era mejor que los demás.

Aunque muchos creían lo que predicaba Pedro, muchos más lo llamaban mentiroso. Los mismos líderes religiosos que mataron a Jesús, querían matar a Pedro.

Gracias al Espíritu Santo, Pedro ya no tenía miedo. "¡Lo más importante era compartir a Jesús con tanta gente como fuera posible!" Viajó a lo largo y ancho para compartir las Buenas Nuevas.

De todos modos, los enemigos de Pedro no tardaron mucho tiempo en arrestarlo. La primera vez que pasó esto, Pedro mostró tal valentía que todos estaban sorprendidos.

"Es sólo un pescador, ¿cómo sabe de qué está hablando?"

"Es muy valiente, sí, ¿no era él uno de los que estaba con Jesús?" Y así sus enemigos lo dejaron libre.

La segunda vez que lo arrestaron, fue más difícil para Pedro. Al terrible Rey Herodes no le gustaban los Cristianos. Ya había matado a Jacobo, uno de los amigos pescadores de Pedro. Ahora quería matarlo a Pedro. "¡Arréstenlo! ¡Encadenen ese hombre a un soldado para que no se escape!"

"¡Le advertimos que dejara de hablar del tal Jesús!"

"Ahora aprenderá su lección."

¡Pobre Pedro! Se sentó en el interior de una sucia y húmeda celda en la prisión. Al día siguiente Herodes seguramente lo mandaría matar para complacer a los enemigos de Pedro. Encadenado a dos soldados mientras dormía, Pedro no tenía razón para tener mucha esperanza.

Aún así, no tenía miedo. Confiaba en Jesús. Los otros Cristianos también confiaban en Jesús. Oraron y esperaron, tenían la esperanza de que de alguna manera su líder fuera liberado.

Esa noche, mientras Pedro dormía, sucedió algo muy extraño. Alguien lo sacudió. ¡Abrió los ojos y vio un ángel resplandeciente! "¡De prisa!" dijo el ángel. "¡Levántate y ven conmigo!"

Mientras el ángel hablaba, las cadenas se soltaron de los brazos de Pedro. "Échate tu manto encima y sígueme," dijo el ángel.

Pedro hizo lo que el ángel le pidió, "Debo estar soñando," pensó cuando pasó caminando frente a los guardias, que roncaban. "¡Nadie puede verme!"

¡Una vez afuera, el portón de hierro que conducía a la ciudad se abrió solo! Entonces el ángel desapareció. Pedro se quedó quieto, esperando el sonido de gritos y pies que corren. "¡Nada! ¿Cómo es posible?" se preguntó.

"¡Dios me liberó y los guardias no vieron nada!" Pedro corrió hasta la casa de uno de sus amigos. Mucha gente estaba ahí reunida, orando por Pedro.

Tocó a la puerta. Un criado vino a abrir, pero estaba tan emocionado de oír la voz de Pedro que corrió antes de abrir la puerta.

Los amigos dijeron al criado, "Estás loco. No hay forma de que Pedro esté parado afuera. ¡Estamos rezando por él en este mismo momento!"

Pero Pedro siguió tocando. Finalmente sus amigos abrieron la puerta. "¡Pedro!" Todos los abrazaron y quisieron oír su historia.

A la siguiente mañana el rey buscó a Pedro, pero no pudo encontrarlo. Los guardias no sabían qué había pasado. Entonces el malvado Rey Herodes castigó a sus guardias condenándolos a morir.

En los años que venideros, los enemigos de los Cristianos se volvieron más y más terribles. Arrestaron y mataron a muchos creyentes. Pedro dirigió valientemente a los Cristianos. Ya no era el inseguro y testarudo pescador que Jesús había conocido alguna vez.

Pedro se convirtió en un verdadero pescador de hombres. Sus palabras ayudaron a personas de todo el mundo a querer saber más sobre Jesús. Era capaz de dejarse lastimar antes que decir que no amaba a Jesús. Dirigió a los Cristianos, y cada vez que sus enemigos los hacían sufrir, él sentía dolor también.

Cuando Pedro murió, se fue al cielo. Mucha gente cree que murió en una cruz, igual que Jesús. Dicen que sus enemigos lo colgaron de cabeza. En ese momento final, sin duda Jesús estuvo a su lado. Tal vez hasta susurró las mismas palabras que le había dicho tantas veces a su amigo el pescador. "No tengas miedo, Pedro. Sígueme."

Puedes encontrar la historia de Pedro en el Nuevo Testamento, en los evangelios de Mateo, Marcos, Lucas y Juan, y en el Libro de Actas, capítulos 1-15.